Cazadores de huracanes

Medidas de tendencia central

Christine Dugan

Asesoras

Pamela Dase, M.A.Ed.
Maestra certificada por la Junta Nacional

Barbara Talley, M.S.
Universidad de Agricultura y Mecánica de Texas

Créditos de publicación

Rachelle Cracchiolo, M.S.Ed., *Editora comercial*
Emily R. Smith, M.A.Ed., *Vicepresidenta superior de desarrollo de contenido*
Véronique Bos, *Vicepresidenta de desarrollo creativo*
Caroline Gasca, M.S.Ed., *Gerenta general de contenido*
Robin Erickson, *Directora superior de arte*

Créditos de imágenes

Portada Google Earth/Stephanie Reid; pág.1 Google Earth/Stephanie Reid; pág.4 MIKE THEISS/National Geographic Stock; pág.5 Ed Darack/Getty Images; pág.6 U.S. Air Force Photo/Tech. Sgt. James B. Pritchett; págs.6–7 NOAA; págs.8–9 Jeff Schmaltz/ MODIS Land Rapid Response Team/ NASA/GSFC; pág.9 U.S. Air Force Photo/Tech. Sgt. James B. Pritchett; pág.10 U.S. Air Force; págs.10–11 Chris Sattlberger/Photo Researchers, Inc.; pág.11 U.S. Air Force photo/Master Sgt. Jack Braden; pág.12 Ashley Parada; págs.12–13 Neo Edmund/Shutterstock; pág.14 U.S. Air Force Photo/Tech. Sgt. James B. Pritchett; págs.14–15 B747/Shutterstock; pág.15 U.S. Air Force Photo/Staff Sgt. Tanya King; pág.16 David R. Frazier Photolibrary, Inc./Photo Researchers, Inc.; págs.16–17 Cristi Matei; pág.18 NOAA; págs.18–19 jokerpro/Shutterstock; pág.19 NASA/Goddard Space Flight Center Scientific Visualization Studio; pág.20 Gina Jacobs/Shutterstock; págs.20–21 NASA/Goddard Space Flight Center Scientific Visualization Studio; pág.21 Barbara Ambrose NOAA/NODC/NCDDC; págs.22–23 jokerpro/ Shutterstock; pág.23 Shutterstock; pág.24 Kim Steele/Getty Images; págs.24–25 kavram/Shutterstock; pág.25 Kyodo/Newscom; pág.26 U.S. Air Force photo/Staff Sgt. Desiree N. Palacios; págs.26–27 NASA/ Goddard Space Flight Center Scientific Visualization Studio; pág.27 U.S. Air Force photo/Staff Sgt. Desiree N. Palacios; pág.28 Caitlin Mirra/Shutterstock

TCM Teacher Created Materials

5482 Argosy Avenue
Huntington Beach, CA 92649
www.tcmpub.com
ISBN 979-8-7659-6061-5
© 2024 Teacher Created Materials, Inc.
Printed by: 51497
Printed in: China

Tabla de contenido

Directo al peligro

Cuando sucede algo aterrador, muchas personas salen corriendo asustadas. Cuando el suceso aterrador es un peligroso huracán, la mayoría de las personas estarían de acuerdo en que lo más inteligente es escapar tan rápido como sea posible y buscar refugio.

El huracán Dennis azota Key West, Florida.

De onda a huracán

Los huracanes empiezan como una zona de vientos de baja presión llamada *onda tropical*. Cuando la onda comienza a organizarse en lugar de dispersarse, es una *depresión tropical*. A medida que aumenta la velocidad del viento, el fenómeno se transforma en una *tormenta tropical*. Cuando los vientos alcanzan las 74 millas (119 km) por hora, la tormenta es oficialmente un huracán.

Huracán, tifón y *ciclón tropical* son nombres diferentes para el mismo tipo de tormenta. A las tormentas que se forman en el mar cerca de América del Norte y América Central se las llama *huracanes*. A las que se forman en el Noroeste del Pacífico, cerca de Asia, se las llama *tifones*. En otras partes del mundo, estas tormentas se conocen como *ciclones tropicales*.

Algunas personas hacen exactamente lo contrario a lo que dicta el sentido común cuando hay mal tiempo. Buscan el peligro. Se dirigen directamente hacia la tormenta. Cuando se forma un huracán, los cazadores de huracanes van en la dirección opuesta al resto de las personas. Son científicos. Trabajan en equipos para reunir datos durante los huracanes. Van directo a la acción y usan sus investigaciones para ayudar a otros científicos a entender mejor los huracanes. Ponen en riesgo sus propias vidas, pero su trabajo ayuda a salvar muchas otras.

Los cazadores de huracanes tienen un trabajo peligroso pero importante. Obtienen y registran información sobre la tormenta en sí misma.

Luego, los científicos reúnen toda la información en un **conjunto de datos**. Usan los datos reunidos para aprender más sobre los huracanes. Por ejemplo, podrían usar datos sobre el estado del tiempo para ayudar a los meteorólogos a pronosticar cuándo se producirá un huracán y qué fuerza tendrá.

La capitana Kaitlyn McLaughlin dirige un vuelo hacia el huracán Ike.

Interpretar los datos

Los científicos no son los únicos interesados en reunir y analizar los datos de un huracán. Los estadísticos realizan el seguimiento de los datos reunidos a lo largo del tiempo. Luego, trabajan con esa información para identificar patrones y tendencias en los datos.

Los datos de un huracán nos permiten hablar de estos fenómenos de otra manera. Con los datos que reúnen los cazadores de huracanes, podemos saber con qué frecuencia ocurren los huracanes y dónde es más probable que ocurran. También podemos saber cuánto daño producen normalmente y qué tipo de condiciones causan las tormentas más fuertes.

Medidas de tendencia central

Las **medidas de tendencia central** son formas de describir la parte intermedia de un conjunto de datos. La medida más conocida es la **media**. También se conoce como **promedio**. Para hallar la media de un conjunto de datos, se suman los valores y se divide el resultado entre la cantidad total de valores del conjunto.

EXPLOREMOS LAS MATEMÁTICAS

En la tabla de abajo se muestra la cantidad de tifones que hubo en el océano Pacífico Occidental entre 2000 y 2010. Halla la cantidad promedio de tifones para este conjunto de datos. Redondea la respuesta al número entero más próximo.

Tifones en el Pacífico Occidental

Año	Cantidad de tifones
2000	12
2001	20
2002	17
2003	17
2004	21
2005	16
2006	15
2007	15
2008	12
2009	15
2010	8

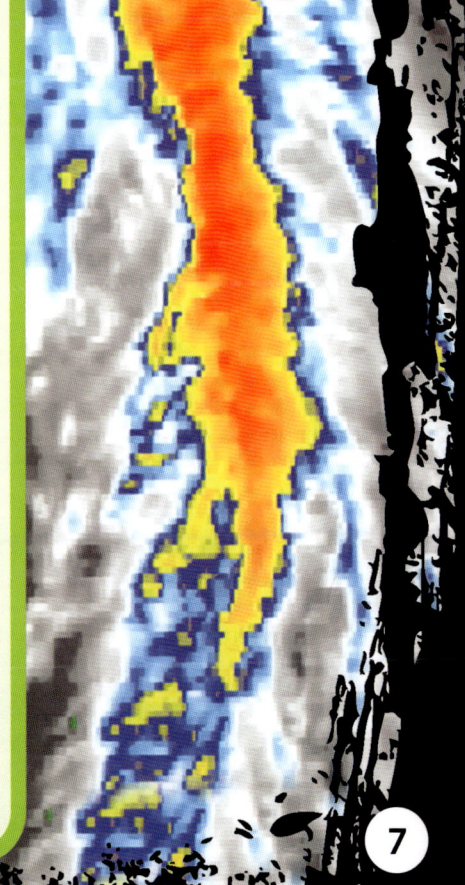

En el ojo de la tormenta

Los cazadores de huracanes reúnen datos desde un avión. Vuelan tan bajo como sea posible para registrar las condiciones meteorológicas que provocan más daños en tierra. La **altitud** del vuelo puede variar entre los 1,000 y los 10,000 pies (entre 305 y 3,048 m).

Los cazadores vuelan directo hacia la tormenta y la atraviesan. Entran en el **ojo** del huracán para obtener las mediciones más precisas de ese fenómeno extremo. Aun en los huracanes más fuertes, en el ojo de la tormenta hay calma, está despejado y los vientos son suaves. El ojo del huracán es el centro alrededor del cual giran los vientos. A medida que un huracán avanza se tranquiliza, y parece haber terminado cuando el ojo hace su paso. Sin embargo, todavía falta la otra mitad.

Los cazadores de huracanes viajan en aviones especiales que tienen sensores específicos, conexión a **satélites** y programas de computadora para reunir datos. Aparte de estas herramientas e instrumentos adicionales, los aviones en sí no tienen ningún otro refuerzo especial. Parece sorprendente, pero no están hechos de materiales extraordinarios ni tienen un diseño exclusivo que los proteja de las condiciones meteorológicas extremas.

La moda y la mediana

A algunos científicos les interesan otras dos medidas de tendencia central de un conjunto de datos: la **moda** y la **mediana**. La moda es el número que aparece con mayor frecuencia en el conjunto de datos. La mediana es el valor del medio cuando los números están en orden ascendente o descendente. Si la cantidad de datos es un número par, la mediana es el promedio de los dos números del medio.

avión cazahuracanes

EXPLOREMOS LAS MATEMÁTICAS

La escala Saffir-Simpson mide la intensidad de un huracán y va desde el 1, que es la intensidad más baja, hasta el 5, la intensidad más alta. Hubo 14 huracanes en el Atlántico Norte en el año 2005. Usa la gráfica de abajo para responder las preguntas.

Huracanes en el Atlántico Norte en 2005

(Gráfica de barras: eje vertical "Cantidad de huracanes" del 0 al 6; eje horizontal "Intensidad" del 1 al 5. Valores: intensidad 1 = 6, intensidad 2 = 1, intensidad 3 = 2, intensidad 4 = 1, intensidad 5 = 4.)

a. ¿Cuál es la mediana de la intensidad?

b. ¿Cuál es la moda de este conjunto de datos?

c. ¿Cuál es la intensidad media? Redondea la respuesta al número entero más próximo.

Instrumentos especiales

Los cazadores de huracanes usan diferentes herramientas e instrumentos para obtener información sobre las condiciones de la tormenta. Durante el vuelo, los instrumentos reúnen datos constantemente y los envían al Centro Nacional de Huracanes (NHC, por sus siglas en inglés). Los datos se transfieren por medio de satélites. Eso significa que la información se transmite por medio de un sistema de comunicaciones en el espacio.

Los aviones especiales de los cazadores de huracanes están equipados con un **sistema de posicionamiento global (GPS)** especial para navegar. Las señales del GPS ayudan a los científicos a determinar la ubicación exacta del huracán. También muestran la dirección en la que se desplaza el huracán y la rapidez con que se mueve.

Misión cumplida

Normalmente, los cazadores de huracanes están en el aire unas 11 horas. Aunque el avión puede pasar por el ojo del huracán varias veces, también vuela por otras partes de la tormenta. El objetivo es reunir tanta información sobre el huracán como sea posible.

Una cazadora de huracanes libera una sonda eyectable en el ojo de la tormenta.

Análisis de datos

Para reunir datos y enviarlos rápidamente a los científicos que están en tierra, es necesario contar con programas de computadora especiales. Los cazadores de huracanes usan computadoras para convertir los datos en mediciones especiales. Para rastrear los huracanes, se miden condiciones de la atmósfera como la presión del aire, la altitud, la temperatura, el punto de rocío y la velocidad y la dirección del viento.

Uno de los instrumentos más importantes que usan los cazadores de huracanes es la sonda eyectable. Una sonda eyectable es un tubo pequeño que contiene instrumentos meteorológicos y un paracaídas. También tiene un transmisor de radio que envía información al avión. Los cazadores liberan la sonda eyectable en el centro del ojo de la tormenta. Con la sonda eyectable, miden la velocidad máxima del viento en la superficie. Esta medición indica si la tormenta se está haciendo más fuerte. La sonda eyectable cae al suelo y, cuando se disipa el huracán, es recuperada.

El lugar y el momento justos

Los cazadores deben ir a donde van las tormentas. Eso significa que deben prestar atención a los lugares y los momentos del año en que es más común que ocurran huracanes. Hay muchos datos disponibles sobre los huracanes. Los cazadores de huracanes los usan para tomar decisiones estratégicas.

Los huracanes pueden producirse en cualquier momento del año, pero son más frecuentes en julio, agosto, septiembre y octubre. Los cazadores ya saben que esos son los meses en que tendrán más trabajo.

Trayectoria de los huracanes en el mundo

ASIA

Océano
Pacífico
Norte

AMÉRICA
DEL
NORTE

Océano
Atlántico
Norte

EUROPA

ÁFRICA

Ecuador

OCEANÍA

AMÉRICA
DEL
SUR

Océano
Atlántico
Sur

Océano
Pacífico
Sur

CLAVE

zonas donde los huracanes ocurren con más frecuencia

trayectorias de la mayoría de los huracanes

huracán

La dirección de rotación

Los huracanes giran en direcciones opuestas en los hemisferios norte y sur. Al norte del ecuador, giran en sentido antihorario; al sur del ecuador, lo hacen en sentido horario.

Los cazadores pasan mucho tiempo volando en las regiones del Atlántico, el golfo de México y el Pacífico. En esas zonas, los sistemas de baja presión ubicados sobre el mar cálido se combinan con la temperatura del aire y así se producen las condiciones ideales para los huracanes. Todas estas zonas están cerca del ecuador y se llaman *zonas tropicales*. Es difícil, y a veces imposible, instalar estaciones meteorológicas en todos esos lugares. Por eso es tan importante que los cazadores de huracanes trabajen desde el aire y reúnan datos esenciales.

EXPLOREMOS LAS MATEMÁTICAS

Ciclones tropicales en el hemisferio sur, 2005–2010

Mes	Cantidad de ciclones tropicales
enero	67
febrero	61
marzo	58
abril	18
mayo	2
junio	0
julio	2
agosto	0
septiembre	0
octubre	7
noviembre	29
diciembre	25

En el hemisferio sur, los ciclones tropicales no suelen ocurrir durante los mismos meses en que los huracanes azotan Estados Unidos. Usa los datos de la tabla para responder las preguntas. Redondea las respuestas al número entero más próximo.

a. ¿Cuál es la cantidad media de ciclones por mes en este período?

b. Halla la mediana del conjunto de datos.

c. Halla la moda del conjunto de datos. ¿Durante qué meses ocurre la moda?

d. ¿Cómo influirían estos datos en tu elección de los meses para ir de vacaciones a Australia o al Pacífico Sur?

Un equipo de expertos

Perseguir huracanes por el mundo es un trabajo peligroso y no puede hacerlo una persona sola. Los cazadores tienen que trabajar en equipo para cumplir sus misiones con éxito y reunir datos. Cada miembro del equipo realiza una tarea importante.

El piloto es la persona que está a cargo de conducir el avión. La mayoría de los pilotos están entrenados para evitar las condiciones del tiempo peligrosas. Pero los pilotos cazadores deben aprender a volar directo hacia el peligro.

El piloto trabaja con un navegante. El navegante se ocupa de la ruta que los lleva dentro y fuera de la tormenta. Vigila el combustible, la altitud y las horas de vuelo. También tiene que usar un radar para evitar que el avión se tope con lo peor de la tormenta.

A cargo

Hay diferentes agencias gubernamentales que organizan a los grupos de cazadores de huracanes. Una es la Administración Nacional Oceánica y Atmosférica (NOAA, por sus siglas en inglés). La Fuerza Aérea y la Armada de Estados Unidos también tienen sus grupos. Todas estas instituciones organizan a los equipos y les proporcionan aviones, instrumentos y otras herramientas.

tripulantes de un vuelo de cazadores de huracanes

Rango y valores extremos

Cuando los cazadores de huracanes interpretan un conjunto de datos, le prestan atención a la dispersión de los datos. Eso es cuán separados están los datos. El **rango** es la diferencia entre los **valores extremos** del conjunto de datos. Los valores extremos son el valor más alto y el valor más bajo.

Un oficial meteorológico monitorea datos del estado del tiempo.

EXPLOREMOS LAS MATEMÁTICAS

Mira la tabla de la página 7. Usa los datos para responder las preguntas.

a. ¿Cuáles son los valores extremos de los datos entre 2000 y 2010?

b. ¿Cuál es el rango de los datos entre 2000 y 2010?

Los otros dos miembros de la tripulación monitorean los datos recopilados. El oficial meteorológico revisa que los datos sean correctos. Luego, usa la información para guiar a la tripulación hasta el centro de la tormenta. Por último, el jefe de carga tiene dos tareas. Comprueba que la carga esté bien asegurada y que el avión esté listo para volar de forma segura. Y también opera la sonda eyectable.

Mientras los cazadores trabajan en equipo en el aire, también están en contacto con personas en tierra. Enviar los datos del avión a científicos y meteorólogos es una parte fundamental de la misión. El objetivo principal de todos los cazadores de huracanes es alertar sobre tormentas inminentes para salvar vidas.

EXPLOREMOS LAS MATEMÁTICAS

En 2005, se produjeron muchos huracanes en el Atlántico Norte. En la tabla de abajo se muestran los huracanes, por nombre, de esa temporada y la velocidad máxima de sus vientos. Halla la media, la mediana, la moda, los valores extremos y el rango de los datos en millas por hora (mph). Redondea las respuestas al número entero más próximo.

Huracanes en el Atlántico Norte en 2005

Huracán	Velocidad del viento
Cindy	75 mph (121 kph)
Dennis	150 mph (241 kph)
Emily	160 mph (257 kph)
Irene	105 mph (169 kph)
Katrina	175 mph (282 kph)
María	115 mph (185 kph)
Nate	90 mph (145 kph)
Ophelia	85 mph (137 kph)
Vince	75 mph (121 kph)
Wilma	185 mph (298 kph)
Beta	115 mph (185 kph)
Epsilon	85 mph (137 kph)

Los nombres de las tormentas

Los huracanes del Atlántico reciben nombres de personas. Existen seis listas de 21 nombres cada una que se van rotando. Cuando una lista se termina, no se vuelve a usar hasta que pasan seis años. En cada lista hay nombres femeninos y masculinos de la A a la W, sin la Ñ, la Q ni la U. A veces, cuando un huracán causa muchísimos daños, su nombre se elimina de la lista. Cuando un nombre se elimina, otro que empieza con la misma letra toma su lugar.

¿Quién recibe los datos de los cazadores de huracanes? Algunas agencias, como el Centro Nacional de Huracanes o el Servicio Nacional de Meteorología, trabajan con los datos reunidos por los cazadores. Los miembros de esas agencias envían alertas a la población de las áreas en peligro. Por lo tanto, tienen que ser capaces de analizar rápida y correctamente los datos que se reúnen durante una tormenta.

Una vez que se sabe que un huracán está cerca, el Servicio Nacional de Meteorología se lo comunica a la población de inmediato. Puede declarar una alerta, un aviso de huracán o una evacuación, según la intensidad de la tormenta.

Los cazadores de huracanes saben lo importante que es estar preparados. Cuando empieza el vuelo, ya tienen toda la misión planeada. Los tripulantes han entrenado y han practicado las destrezas que deben aplicar con su equipo. Han aprendido a usar distintos tipos de herramientas e instrumentos y saben cómo hacer su trabajo en pleno vuelo.

Tanto esfuerzo obedece a un solo objetivo: aprender más sobre los huracanes. Mientras reúnen información durante una tormenta, los cazadores de huracanes deben analizar rápidamente lo que ven para tomar decisiones acertadas. Por ejemplo, registran la velocidad del viento, un buen indicador de la fuerza de una tormenta. Al volar por el ojo de la tormenta, atraviesan la pared del ojo. Allí están los vientos más fuertes del huracán. Hasta puede haber tormentas eléctricas y tornados en la pared. Analizar los datos reunidos en esa parte de la tormenta es vital para comprender cómo seguirá la tormenta en las próximas horas.

pared del ojo

Dispersión de los datos

Mira los datos de la tabla de la página 16. La mediana de la mitad inferior del conjunto de datos se llama *cuartil inferior*. El *cuartil superior* es la mediana de la mitad superior del conjunto de datos. La diferencia entre el cuartil inferior y el superior se llama *rango intercuartílico*.

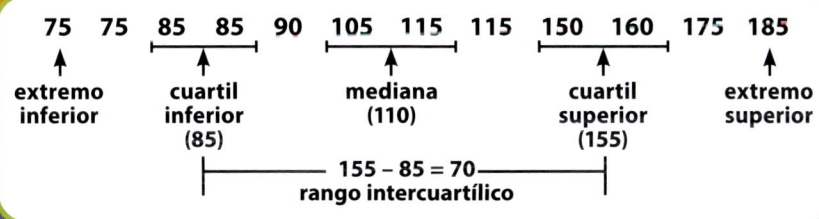

75 75	85 85	90	105 115	115	150 160	175 185
extremo inferior	cuartil inferior (85)		mediana (110)		cuartil superior (155)	extremo superior

$155 - 85 = 70$
rango intercuartílico

EXPLOREMOS LAS MATEMÁTICAS

Un **diagrama de caja** es una gráfica que permite ver a simple vista cómo se distribuyen los datos. Mira el siguiente diagrama de caja, que describe los datos de la tabla de la página 16.

Huracanes en el Atlántico Norte en 2005

Velocidad del viento en mph

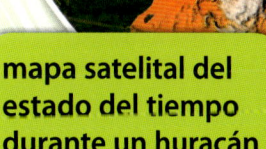

mapa satelital del estado del tiempo durante un huracán

a. ¿Qué medidas de tendencia central no se pueden ver en un diagrama de caja?

b. La mediana se ubica a la izquierda de la gráfica. ¿Qué indica la posición de la mediana en la gráfica acerca de la distribución de la velocidad del viento?

c. ¿Cuántos huracanes había en la tabla de la página 16? ¿Puedes saber cuál es la cantidad de huracanes a partir del diagrama de caja?

d. ¿Cuáles son los valores de los cuartiles inferior y superior del diagrama de caja? ¿Cuál es el rango intercuartílico?

e. Los datos muy alejados del resto se llaman **valores atípicos**. ¿Hay algún valor atípico en este conjunto de datos?

Salvar vidas

¿Por qué son tan importantes la recopilación y el análisis de datos para los cazadores de huracanes? El objetivo principal de sus misiones es salvar vidas y disminuir los daños a las propiedades. Los cazadores quieren usar lo que aprenden sobre las tormentas para enseñar y advertir a la población acerca de situaciones peligrosas. Les interesa conocer la dirección de las tormentas, la intensidad de sus vientos y la velocidad del sistema meteorológico. Así pueden compartir la información con las personas que viven y trabajan en las áreas afectadas.

Dedicarse a cazar huracanes es una decisión muy valiente. Estos profesionales arriesgan su seguridad personal para ayudar a los demás. Por eso, puede resultarles frustrante que las personas no tomen en serio sus advertencias. A veces, las personas deciden quedarse donde pasará un huracán. Tal vez piensen que no será tan peligroso como se pronosticó. O quizá crean que están bien protegidos donde se encuentran.

Las marejadas

A menudo, los peores daños de un huracán son causados por las *marejadas*. Estas ocurren cuando la tormenta empuja una masa de agua. Cuando el agua llega a la tierra, se forma una enorme ola llamada marejada. Se producen inundaciones hasta que el agua retrocede.

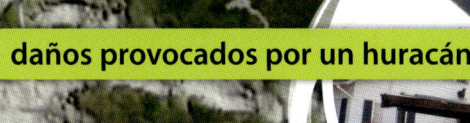

daños provocados por un huracán

Entre los años 1900 y 2005, muchos huracanes tocaron tierra en Estados Unidos. En la tabla de abajo se muestran los 10 huracanes que causaron más daños (medidos en dólares). Usa los datos sobre los costos de los daños para responder las preguntas que están debajo de la tabla.

Huracanes más costosos en Estados Unidos

Posición	Nombre del huracán	Año	Categoría	Daños (en millones de dólares)
1	Katrina	2005	3	$81,000
2	Andrew	1992	5	$26,500
3	Wilma	2005	3	$20,600
4	Charley	2004	4	$15,000
5	Iván	2004	3	$14,200
6	Rita	2005	3	$11,300
7	Frances	2004	2	$8,900
8	Hugo	1989	4	$7,000
9	Jeanne	2004	3	$6,900
10	Allison	2001	TT*	$5,000

*Los vientos de Allison no fueron tan fuertes como para clasificar a esta tormenta como huracán, pero sí fue una tormenta tropical muy costosa.

a. ¿Cuáles son la media y la mediana de los datos?

b. ¿Cuáles son los extremos inferior y superior de los datos?

c. ¿Cuáles son los cuartiles inferior y superior?

d. ¿Cuál es el rango? ¿Cuál es el rango intercuartílico?

e. Enumera, si los hay, los valores atípicos del conjunto de datos.

Un poco de historia

La primera vez que alguien voló deliberadamente un avión hacia un huracán fue a comienzos de la década de 1940. Al principio, los aviones y los equipos para perseguir huracanes estaban distribuidos por todo el mundo. Antes de los satélites, era imposible saber exactamente cómo y dónde se formaría un sistema de tormentas. Los cazadores de huracanes no podían rastrear las tormentas ni el estado del tiempo tan bien como ahora, entonces tenían que estar listos para partir a cualquier hora y lugar.

La cacería de huracanes cambió después de la Segunda Guerra Mundial. Muchos aviones de la guerra se usaron para una nueva misión: perseguir huracanes. Con el desarrollo de la tecnología para los pronósticos meteorológicos, el trabajo de los cazadores siguió cambiando. Los avances en el instrumental y la informática les permitieron a los cazadores de huracanes rastrear las tormentas con mayor precisión. Hoy, las personas confían en la información que surge del rastreo de los huracanes. Nos cuesta imaginar la vida sin los sistemas de alerta y de evacuación.

¡Fue un desafío!

La cacería de huracanes empezó en medio de la Segunda Guerra Mundial, en 1943, cuando alguien desafió al teniente coronel Joe Duckworth a pilotear su nave, un avión de entrenamiento AT-6 Texan, hasta el ojo del huracán Surprise. Duckworth hizo un segundo viaje con un oficial meteorológico como navegante, el teniente William Jones-Burdick. Así demostraron que era posible hacer vuelos de reconocimiento de huracanes. En 1946, se usó por primera vez el término *cazadores de huracanes* y, desde entonces, lo ha utilizado la Fuerza Aérea de EE. UU.

El Boeing B-17, la "Fortaleza volante", se convirtió en un avión de caza de huracanes después de la Segunda Guerra Mundial.

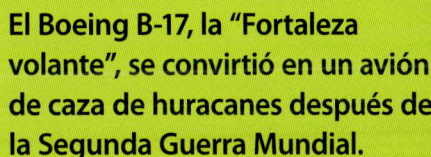

EXPLOREMOS LAS MATEMÁTICAS

Los huracanes pueden afectar a una zona aun cuando no llegan a tocar tierra. En la tabla de abajo se muestra el día del año en que Florida fue afectada por un huracán desde 2007 hasta 2010. (A cada día se le asigna un número del 1 al 365. Por ejemplo, el 1.º de enero es el día 1).

Huracanes que afectaron a Florida, 2007–2010

Fecha del huracán	Día
23 de agosto de 2007	235
13 de septiembre de 2007	256
22 de julio de 2008	203
31 de agosto de 2008	243
1 de septiembre de 2008	244
21 de agosto de 2009	233
22 de agosto de 2009	234
9 de noviembre de 2009	313
10 de noviembre de 2009	314
11 de noviembre de 2009	315
2 de septiembre de 2010	245

a. Halla la mediana, el extremo inferior y el extremo superior.

b. ¿Cuál es el rango de los datos?

c. ¿Cuáles son los cuartiles inferior y superior? ¿Cuál es el rango intercuartílico?

d. ¿Cómo usarías estos números para describir la temporada de huracanes en Florida?

Alerta de desastre natural

Los cazadores de huracanes saben predecir hacia dónde se dirige un huracán. Pero no son los únicos profesionales capaces de reunir datos sobre las condiciones de la naturaleza.

Los meteorólogos, por ejemplo, también estudian datos atentamente para descubrir cambios en los patrones meteorológicos. Intentan hacer predicciones precisas, de forma que sepamos cómo estará el tiempo con días y hasta semanas de anticipación. Muchas de las personas que presentan el pronóstico del tiempo en radio y televisión son meteorólogos.

El radar Doppler

Un radar Doppler es un tipo de sistema de rastreo que detecta el desplazamiento y la intensidad de las **precipitaciones**. Se usa para rastrear las tormentas y pronosticar los fenómenos severos que pueden producir.

Los meteorólogos trabajan con datos para pronosticar desastres naturales.

Hay sistemas de alerta para todo tipo de desastres naturales. Por ejemplo, los meteorólogos pueden usar los datos reunidos por radares e imágenes satelitales para rastrear tornados. Así es como pueden alertar a las personas para que actúen con rapidez y se refugien en un lugar seguro. Los tsunamis ocurren después de grandes terremotos submarinos o de deslizamientos de tierra. En general, los científicos logran analizar los datos y predecir con precisión dónde y cuándo podría ocurrir un tsunami. De esa forma, las personas que estén cerca de la costa pueden recibir la alerta y huir hacia terrenos más altos. Muchas ciudades costeras alrededor del mundo tienen planes de evacuación con indicaciones de cómo llegar a un lugar seguro.

Los primeros pronósticos meteorológicos aparecieron hace siglos, cuando las personas comenzaron a observar el cielo en busca de patrones en las nubes. Ahora se usan computadoras, satélites, radares y otros instrumentos. ¡El pronóstico del tiempo y de las tormentas ha recorrido un largo camino!

Héroes que salvan vidas

Los huracanes pueden ser violentos, peligrosos e impredecibles. La mayoría de nosotros los vemos por televisión, desde la seguridad de nuestro hogar. La mayoría de las personas que se encuentran donde pasará un huracán se van a un lugar seguro tan rápido como pueden. Los desastres naturales suelen ser experiencias abrumadoras y difíciles de comprender. Nos recuerdan nuestra debilidad frente a la fuerza de la madre naturaleza.

Un jefe de carga revisa datos meteorológicos.

Los cazadores de huracanes reconocen que un huracán es algo muy serio. Entienden que la seguridad y la precaución son necesarias. Pero también quieren ayudar a los demás. Saben que es más probable que las personas conserven la calma si les dicen qué esperar. Es importante contar con información e instrucciones en momentos de confusión. Por eso, los cazadores de huracanes hacen un trabajo heroico para ayudar a salvar vidas. Usan una tecnología asombrosa para conocer las tormentas. Luego comparten esa información. Ayudan a salvar vidas y a proteger casas y edificios. Piensa en los cazadores de huracanes la próxima vez que escuches noticias sobre un huracán. Deséales una buena cacería. Se merecen nuestra gratitud y nuestro respeto.

El teniente coronel Louis Patriquin repasa una lista de control durante una misión de entrenamiento.

El aumento del nivel del agua

Cada año, las inundaciones se cobran más de 20,000 vidas y generan dificultades en la vida de casi 150 millones de personas en todo el mundo. El impacto de las inundaciones se debe, sobre todo, a las altas densidades de población alrededor de los ríos y otras masas de agua. Estas áreas representan un recurso importante para la agricultura, el transporte y la industria, por lo que no es de extrañar que las civilizaciones hayan decidido ubicarse allí.

Países con la mayor cantidad de inundaciones, 1998–2010

País	Cantidad aproximada de inundaciones
Estados Unidos	218
China	194
India	127
Indonesia	122
Filipinas	93
Vietnam	80
Australia	80
Rusia	80
Afganistán	66
Tailandia	56

¡Resuélvelo!

Usa los datos de la tabla para responder las preguntas.

a. Halla la media, la mediana, la moda y el rango del conjunto de datos. Redondea las respuestas al número entero más próximo.

b. Halla los valores extremos, los cuartiles superior e inferior, y el rango intercuartílico.

c. Haz un diagrama de caja para representar los datos.

d. Describe lo que indican los datos sobre las inundaciones en todo el mundo de 1998 a 2010.

Usa estos pasos como ayuda para responder las preguntas.

Paso 1: Para hallar la media, suma todos los números y divide el resultado entre la cantidad de números del conjunto de datos; para hallar la mediana, coloca los números en orden ascendente y halla el número del medio; para hallar la moda, identifica el número que aparece más veces en el conjunto de datos; para hallar el rango, resta el extremo inferior del extremo superior.

Paso 2: Para hallar los valores extremos, busca el número más grande y el más pequeño del conjunto de datos; para hallar el cuartil superior, halla la mediana de la mitad superior de los datos (a la derecha de la mediana); para hallar el cuartil inferior, halla la mediana de la mitad inferior de los datos (a la izquierda de la mediana); para hallar el rango intercuartílico, halla la diferencia entre los cuartiles superior e inferior.

Paso 3: Piensa en lo que significa cada medida de tendencia central.

Glosario

altitud: la altura de algo sobre el nivel del mar

conjunto de datos: una colección de datos

datos: información o detalles, a veces en forma de números

diagrama de caja: una gráfica en la que se divide un conjunto de datos en cuatro partes y se muestran los valores extremos, los cuartiles y la mediana (también, diagrama de caja y bigotes)

huracán: una tormenta tropical fuerte con lluvia y vientos de más de 74 millas (119 km) por hora

media: el promedio

mediana: el número que está en el medio de un conjunto de datos ordenados de menor a mayor o viceversa

medidas de tendencia central: maneras de describir el área del medio de un conjunto de datos

moda: el número más frecuente en un conjunto de datos

ojo: el centro de un huracán, donde hay calma

precipitaciones: agua que cae de la atmósfera en forma sólida o líquida

promedio: la suma de los valores de un conjunto de datos dividida entre la cantidad de valores

rango: la diferencia entre el valor más alto y el más bajo de un conjunto de datos

satélites: objetos que orbitan la Tierra para transmitir señales o datos científicos

sistema de posicionamiento global (GPS): un sistema de navegación basado en satélites que indica la ubicación

valores atípicos: valores de un conjunto de datos que son mucho mayores o menores que los demás

valores extremos: el valor más alto y el más bajo de un conjunto de datos

Índice

Exploremos las matemáticas

Página 7:
15 tifones

Página 9:
a. 2.5
b. 1
c. 3

Página 13:
a. 23
b. 13
c. 0; junio, agosto y septiembre
d. Quizá sea preferible planear tu viaje entre mayo y septiembre, y evitar viajar entre noviembre y marzo.

Página 15:
a. extremo superior: 21; extremo inferior: 8
b. 13

Página 16:
media: 118; mediana: 110; moda: 75, 85, 115; rango: 110; extremo superior: 185; extremo inferior: 75

Página 19:
a. media y moda
b. La mayoría de las velocidades están agrupadas a la izquierda de la gráfica y están más cerca de 75 mph que de 185 mph.
c. 12; no
d. cuartil superior: 155; cuartil inferior: 85; rango intercuartílico: 70
e. no

Página 21:
a. media: $19,640 millones; mediana: $12,750 millones
b. extremo superior: $81,000 millones; extremo inferior: $5,000 millones
c. cuartil superior: $20,600 millones; cuartil inferior: $7,000 millones
d. rango: $76,000 millones; rango intercuartílico: $13,600 millones
e. $81,000 millones

Página 23:
a. mediana: 244; extremo inferior: 203; extremo superior: 315
b. 112
c. cuartil inferior: 234; cuartil superior: 313; rango intercuartílico: 79
d. La mayoría de los huracanes afectan a Florida a finales del verano y en otoño.

Resolución de problemas:

a. media: 112; mediana: 87; moda: 80; rango: 162
b. extremo superior: 218; extremo inferior: 56; cuartil superior: 127; cuartil inferior: 80; rango intercuartílico: 47
c.

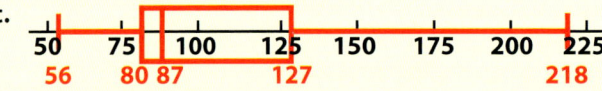

d. Las respuestas variarán. Ejemplos de respuestas posibles: Las inundaciones parecen ser más frecuentes en los países en desarrollo. Existe un rango amplio de recuentos, por lo que la ubicación y el tamaño de los países harán que varíen los recuentos. La media y la mediana del conjunto de datos no tienen un valor cercano, pero el rango intercuartílico es relativamente pequeño. Eso significa que los recuentos son similares en la mitad central del conjunto de datos, pero las medidas generales de tendencia central se modifican por los valores extremos.